Bunter Kinder-Kosmos

kosmos

Saurier - Tiere der Urzeit

Kosmos · Gesellschaft der Naturfreunde
Franckh'sche Verlagshandlung · Stuttgart

Urzeit
Älteste Gesteine — 4 Milliarden Jahre

Altzeit
Dauer: 350 Mill. Jahre

Archaikum	Algonkium	Kambrische Periode	Ordovizische Periode	Silurische Periode	Devonische Periode	Karbonische Periode	Permische Periode	Trias Perie
Organismen 2,5—3 Mrd. Jahre	Organismen 2 Mrd. Jahre	vor 550—460 Mill. Jahren	vor 460—390 Mill. Jahren	vor 390—360 Mill. Jahren	vor 360—310 Mill. Jahren	vor 310—240 Mill. Jahren	vor 240—200 Mill. Jahren	vor 20... Mill. J...

Mikroorganismen

Würmer

Quallen

Quallen

Trilobiten

Schwämme

Kopffüßer (Geradhorn)

Stachelhai

Kopffüßer

Urfisch

Riesenpanzerfisch

Urlurch

Edaphosaurus

Dimetrodon

Henodus

Halticosaurus

Allosaurus

Riesen-Insekt

Elginia

Gordonia

Moschops

Mystriosuchus

Iguanodon

Cynogna...

Tanystrop...

Anat...

Polacanthus

Scolosaurus

Parasaurolophus

Brachiosaurus

Scelidosaurus

Plesiosaurus

Stegosaurus

Diplodocus

Brontosaurus

Ichthyosaurus (Fisch-Echse)

Tylosaurus

Elasmosa...

Mosasaurus

Kronos...

Die bemerkenswertesten Tierformen

In der einige Milliarden Jahre umfassenden Geschichte der Erde hat auch die Lebewelt große Veränderungen durchgemacht. Aus einfachsten Lebewesen der Urzeit entstanden allmählich die heutigen Lebensformen, und jede Periode der Erdgeschichte hat ihre besonderen Tierarten hervorgebracht, die oftmals so eigenartig sind, daß wir es niemals glauben würden, wenn nicht Reste dieser Lebewesen gefunden worden wären.

Auf diesen Seiten sind die auffälligsten Formen so zusammengestellt, wie sie in den aufeinanderfolgenden Perioden der Erdgeschichte gelebt haben.

elzeit 140 Mill. Jahre		Neuzeit (Tertiär-Periode) Dauer: 60—1 Mill. Jahre					Jungzeit (Quartär-Periode) Dauer: 1 Mill. Jahre	
ra- eriode	Kreide- Periode	Paläozäne Stufe	Eozäne Stufe	Oligozäne Stufe	Miozäne Stufe	Pliozäne Stufe	Pleistozäne Stufe	Holozäne Stufe
175—140 l. Jahren	vor 140—60 Mill. Jahren	vor 70—60 Mill. Jahren	vor 50—40 Mill. Jahren	vor 40—25 Mill. Jahren	vor 25—11 Mill. Jahren	vor 11—1 Mill. Jahren	vor 1 Mill. bis vor etwa 20 000 Jahren	vor 20 000 Jahren bis heute

Hesperornis

Rhampho-hynchus

Protoceratops

eryx

Pteranodon

Struthiomimus

nnosaurus

Triceratops

Barylambova (Urhuftier)

Opossum (Beutelratte)

Urhuftier

Diatryma

Baluchitherium (Urnashorn)

Arsinoitherium

Urpferd

Seekuh

Moeritherium

Urschleichkatze

Alticamelus

Dueodon

Hyaenodon

Stenomylus

Dinotherium (Rüsseltier)

Borophagus

Protoceras

Ceratogaulus

Synthetoceras

Hypolagus

Riesenhirsch

Megatherium (Riesenfaultier)

Toxodon (Urhuftier)

Glyptodon (Riesengürtel-tier)

Neandertaler

Pithecanthropus

Riesenpavian

Höhlenbär

Mammut

Wollnashorn

Macrauchenia (Urhuftier)

Blauwal

Homo sapiens

Moschusochse

Riesenlöwe

Wisent (Bison)

Smilodon (Säbelzahntiger)

Elch

Riesenkänguruh

Riesenwombat

Der bekannte englische Naturfor-scher Charles Darwin (1809 bis 1882) entwickelte nach einer For-suchungsreise, die ihn auch zu den Galapagos-Inseln führte, die Theo-rie über die natürliche Zuchtwahl.

Der erste Funke

Ein kleiner Planet am Rande der Milchstraße, ein Sandkörnchen im unermeßlichen Weltraum ist die Erde. Wahrscheinlich entstand sie vor rund 5 Milliarden Jahren. Als sich die glühende Materie, aus der sie damals bestand, abkühlte, hüllten Dämpfe die erstarrende Oberfläche mit einer dicken Wolkenschicht ein. Die Temperatur verringerte sich weiter, und es kam zu sintflutartigen Regenfällen, die sich an der noch glühenden Erdkruste in Dampf verwandelten und dann wieder herniederprasselten. Als diese Wolkenbrüche aufhörten, bedeckten Meere und Ozeane einen Großteil der Erdoberfläche. Nach und nach kühlte sich die große Wasseroberfläche ab. Die Temperatur erreichte schließlich einen Bereich, der die Entstehung von Leben möglich machte. Und so erschienen vor etwa 3 Milliarden Jahren am Grunde des Meeres erste Anzeichen des Lebens. Aus ihnen bildeten sich im Meer winzige, einfachste Lebewesen. So sehen Wissenschaftler heute die Entstehung der Erde. Die heute lebenden Einzeller (außer Bakterien und primitivsten Algen) sind mit ihren Schalen und Panzern schon viel weiter entwickelt als jene ersten Lebewesen.

Die Urzeit

So mag die Erde vor ca. 4 Milliarden Jahren ausgesehen haben: Vulkanausbrüche, Lavaströme, Blitz und Donner und unaufhörlicher Regen. Auf der heißen Erdoberfläche verdampfte alles Wasser sofort, so daß die Lufthülle der Erde (Atmosphäre) aus dichtem Wasserdampf bestand. Erst als die Erdoberfläche sich abkühlte, konnte sich das immer wieder niederprasselnde Wasser in den Vertiefungen zu Ozeanen sammeln. Dort trat dann erstmals Leben in Erscheinung.

Die Erde hat ihr eigenes Tagebuch geschrieben

Ablagerungen am Grund der Meere, der Seen und Flüsse findet man an Land in verfestigtem Zustand als Ablagerungs- oder Schichtgesteine. Oft sind auch Reste von Organismen mit eingeschlossen worden, die im Laufe der Jahrmillionen versteinerten. Es sind wertvolle biologische Zeugnisse, die uns einen wahrheitsgetreuen Bericht über die Veränderungen der Formen und Lebensbedingungen von der Altzeit bis heute liefern. Ein Beispiel für solch übereinandergelagerte Gesteinsbildungen zeigt der Grand Canyon von Colorado. Der Fluß hat eine tiefe Talrinne in die Hochtäler eingeschnitten, und dadurch werden die ganzen, das Land aufbauenden Schichten sichtbar.

Urzeit Beginn des pflanzlichen und tierischen Lebens	Altzeit Entwicklung der wirbellosen Tiere und Fische	Mittelzeit Entwicklung der Kriechtiere	Neuzeit Entwicklung der Säugetiere	Jungzeit Entwicklung des Menschen

Entstehung des pflanzlichen und tierischen Lebens

Das pflanzliche und das tierische Leben sind unabhängig voneinander nicht denkbar. Vom Stamm der Urtiere leiten sich die verschiedenen Tiergruppen ab, die sich in der Herrschaft über die Erde abwechseln. Der letzte Sprößling ist der Mensch. Er hat es in den letzten hundert Jahren zuwege gebracht, in gefährlicher Weise ein Gleichgewicht zu stören, das seit der Entstehung der Erde vor Jahrmilliarden ziemlich ausgewogen war.

Die wirbellosen Tiere

Aus den Einzellern entwickelten sich immer komplizierte Lebewesen. Es bildeten sich Pflanzen und Tiere, die aus vielen Zellen mit unterschiedlichen Lebensfunktionen (Bewegung, Ernährung, Fortpflanzung usw.) bestanden. Inzwischen wurde der Kampf ums Überleben immer härter; es entwickelten sich Organismen, die durch Platten und Schalen aller Art geschützt waren. Nicht nur das Leben, sondern vieles von dem, was die höher entwickelten Tiere heute besitzen, wurde von den sogenannten niederen Tieren, den Wirbellosen, „erfunden und erprobt". Unter der Bezeichnung wirbellose Tiere faßt man 22 verschiedene Tierstämme zusammen, die mehr als 95 Prozent der heutigen Lebewelt ausmachen und die sich vom Stamm der Wirbeltiere dadurch unterscheiden, daß sie kein Knochengerüst mit Wirbelsäule haben. Zu den Wirbellosen gehören zum Beispiel Schwämme, Regenwürmer, Krebse, Tausendfüßer, Spinnen, Schnecken, Muscheln, Tintenfische, Seeigel und Seesterne. Die einzigen Wirbellosen, die fliegen können, sind die Insekten.

Ursprünglich lebten alle Wirbellosen und auch die urtümlichen Pflanzen im Meer. Erst später, am Ende der Silurperiode, eroberten sie auch das Festland. In dieser Zeit erschienen die ersten Insekten, die noch keine Flügel hatten (wie noch einige heute lebende Arten). Sie stammen von den Gliederfüßern ab, die mit den Trilobiten (ausgestorbene Urkrebse) verwandt sind. Gleichzeitig erschienen auch die ersten Landpflanzen, und die flügellosen Urinsekten entwickelten Flügel und erhoben sich in die Luft.

Die Urkrebse des Erdaltertums und ihre Nachkommen

Im Kambrium – vor etwa 550 Millionen Jahren – lebten in den warmen Meerestiefen über tausend verschiedene Arten von Trilobiten (ausgestorbene Urkrebse). Die heutigen Nachkommen der Trilobiten (Dreilappkrebse) sind uns allen bekannt: Spinnen, Krebse, Skorpione und Insekten. Sie ernährten sich von Kleinstlebewesen. Ihren Namen haben sie wegen ihres Körperbaus, der aus drei Abschnitten bestand. Die Körpergröße schwankte zwischen zwei und siebzig Zentimetern. Die außergewöhnlich harten Panzer konnten der vollständigen Zersetzung widerstehen und versteinerten deshalb mit dem sie bedeckenden Sand. Außerdem findet man in den Gesteinsschichten des Kambriums auch Schalen anderer wirbelloser Tiere (Schwämme, Weichtiere, Stachelhäuter), ja sogar Abdrücke von Quallen.

Vergangenes Leben – eingeschlossen in einem goldenen Tropfen

Die Insekten zählen heute zu den unterschiedlichsten und zahlreichsten Arten unter den Tieren (etwa 1 Million Arten). Es gibt viele Versteinerungen von Insekten, keine jedoch stammt aus der Zeit vor dem Karbon. Einige Tiere haben sich bis in unsere Zeit vollständig erhalten, denn sie sind in kleine „Särge" aus Bernstein eingeschlossen. Vor Millionen von Jahren tropfte Harz von den Bäumen, und somit wurde dieses kleine Wunder vollbracht. Beim Graben oder auch am Strand kann man die Kostbarkeiten manchmal finden, doch die größten Bernsteinfunde kommen an der Ostsee vor.

Eine Welt von Wirbellosen

Gliederfüßer	über 1 Mill. Arten
Weichtiere	etwa 130 000 Arten
Stachelhäuter	etwa 5 700 Arten
Ringelwürmer	etwa 8 700 Arten
Einzeller	etwa 20 000 Arten
Hohltiere	etwa 9 600 Arten
weitere Arten von Wirbellosen	etwa 38 000 Arten
Wirbeltiere	etwa 45 000 Arten

Aus den zahlreichen fossilen Funden kann man ermitteln, wie reich die vorgeschichtliche Tierwelt an verschiedenen Arten war; viel reicher als die heutige Fauna, in der es mehr als 1,2 Millionen Arten gibt. Von diesen zählen nur 45 000 zu den Wirbeltieren (Fische, Lurche, Kriechtiere, Vögel, Säugetiere). Alle anderen Arten gehören zu den Tieren ohne Wirbelsäule: Es sind die wirbellosen Tiere. Der Franzose Jean Baptiste de Lamarck (1744–1829) war Begründer der Paläontologie (Lehre von den Lebewesen vergangener Erdperioden) der wirbellosen Tiere; ihm ist die Unterscheidung zwischen Wirbeltieren und wirbellosen Tieren zu verdanken. Er war der erste, der die Theorie von der biologischen Entwicklung aufstellte, die ein halbes Jahrhundert später von Darwin aufgenommen und zu Ende geführt wurde.

Die Fische

Die Fische waren die am zahlreichsten vertretene Klasse der Wirbeltiere. Wir wissen nicht, wer der Urvater der Wirbeltiere war, zu denen auch die Lurche, die Kriechtiere, die Vögel und die Säugetiere gehören; aber vielleicht war er jenem Wassertier nicht unähnlich, das heute an fast allen Meeresküsten lebt: dem Neunauge, das einen inneren Achsenstab, die „Rückensaite", besitzt. Die ältesten bekannten Vorläufer der Fische – und der Wirbeltiere überhaupt – hatten nur eine Rückensaite und keine richtigen Kiefer, dafür aber einen kräftigen Knochenpanzer, der Kopf und Brust fest einschloß. Man faßt diese Fischvorläufer unter dem Begriff Urpanzerfische oder „Ostracodermen" zusammen. Die ersten eigentlichen Fische waren die Panzerfische und die Stachelhaie. Sie besaßen bereits sich überdeckende Knochenplatten und auch schon Flossen. Wirkungsvollere Kiemen ermöglichten eine bessere Ausnutzung des im Wasser vorhandenen Sauerstoffs. Diese primitiven Fische konnten schon jagen, und so verbreiteten sie sich von den ursprünglichen Binnengewässern über große Gebiete des Salzwassers.

Die Lurche (Amphibien)

Am Ende der Devonzeit entstanden die landlebenden Wirbeltiere. Bestimmte Gruppen von primitiven lungenatmenden Fischen (die Quastenflosser) kamen aus den Meeren und unternahmen die ersten Festlandausflüge. Im Laufe der Jahrtausende erwarben sie Eigenschaften, die es ihnen ermöglichten, auch außerhalb des Wassers zu leben. Obwohl die Lurche schon Luft atmen konnten, mußten sie ins Wasser zurückkehren, um dort ihre Eier abzulegen, denn ihre Jungen hatten noch die ursprüngliche Kiemenatmung. Die Ausbildung der Lunge erfolgte erst nach einer Verwandlung, wie sie heute noch bei Fröschen, Kröten und Salamandern zu beobachten ist. Nicht alle Lurche machten diese geradlinige Entwicklung durch. Zum Teil blieben sie auch Wassertiere. Andere blieben auf dem Land; aber sie überstanden die Umstellung nur aufgrund von Verwandlungen, die sie zu einer neuen wichtigen Gruppe von Landtieren führte: den Kriechtieren oder Echsen, die ein Schuppenkleid als Schutz gegen die Austrocknung besitzen.

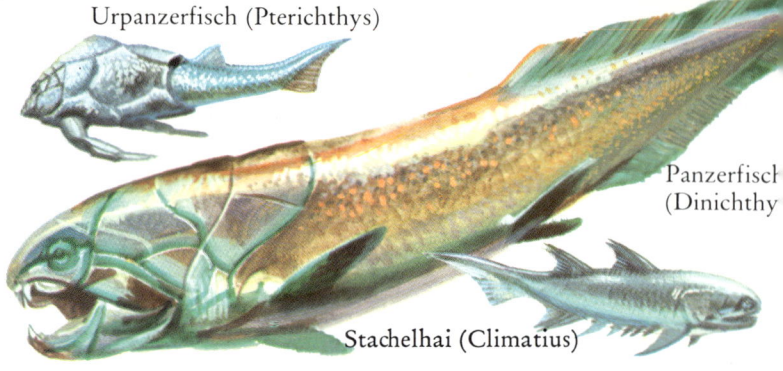

Urpanzerfisch (Pterichthys)

Panzerfisch (Dinichthy)

Stachelhai (Climatius)

Die Panzerfische waren die ersten echten Fische; sie lösten die „kieferlosen Fische" in der Beherrschung der Meere ab. Hier ist ein 18 Zentimeter langer Pterichthys (Devon) abgebildet, daneben ein Climatius (Silur, Devon) von 7 Zentimeter Länge. Beide Fische lebten im Süßwasser. Am Ende der Devonzeit lebte der wilde, über 10 Meter lange Dinichthys.

Der Quastenflosser Latimeria: Ein lebendes Fossil

Im Jahre 1938 wurde die wissenschaftliche Welt von einem sensationellen Ereignis überrascht: In der Tiefsee vor der ostafrikanischen Küste hatte die Besatzung eines Schiffes, die in einer größeren Tiefe als gewöhnlich fischte, einen Quastenflosser in ihren Netzen – einen Fisch, den man schon seit 70 Millionen Jahren für ausgestorben hielt! Das 1½ Meter lange Tier wog etwa 60 Kilogramm und war der einzige uns bekannte lebende Zeuge der ältesten Fische. Seit 300 Millionen Jahren hat er sich kaum verändert.

Das erste Landwirbeltier

Im Devon lebte der erste Lurch, der Ichthyostega (1,20 Meter Länge). Er hatte das Wasser verlassen, um auf dem Festland zu leben. Anstelle von Flossen hatte er Beine und anstelle der Schwimmblase eine Lunge – deshalb fiel ihm die Umstellung nicht allzu schwer.

Die Kriechtiere (Reptilien)

Aus den primitiven Lurchen sind die Kriechtiere oder Echsen (Reptilien) hervorgegangen. Sie legten größere Eier, und das Junge konnte sich vom Dotter ernähren. Es schlüpfte erst aus, wenn es so weit entwickelt war, daß es Luft atmen und auf dem Land leben konnte. Von dem primitiven Kriechtier Seymouria gingen zwei Entwicklungslinien aus – eine davon führte zum Riesenwuchs. Die riesigen Reptilien oder Dinosaurier beherrschten in der Mittelzeit das Land. Andere Saurier bewohnten das Meer und die Luft. Nach 200 Millionen Jahren absoluter Vorherrschaft verloren sie ihre Vorrangstellung: Alle großen Saurier starben aus. Die genauen Gründe sind unbekannt; vielleicht waren es die häufigen Temperaturschwankungen, die allen Reptilien schaden, denn sie sind wechselwarm. Vielleicht war es aber auch das Austrocknen der Sümpfe, wo reichlich Pflanzen wuchsen, von denen sich die Dinosaurier ernährten. Gewiß trug aber das Durchsetzungsvermögen der kleinen, gleichwarmen Säugetiere dazu bei, die sich von den Eiern der Reptilien ernährten und somit deren Aussterben beschleunigten. Schlangen, Eidechsen, Schildkröten und Krokodile sind heute die einzigen Nachkommen der einstigen Saurier.

Die ersten Eier, die sich auf dem Land öffnen
Die Seymouria (60 Zentimeter Länge) ist das erste bekannte Reptil, das im Karbon auf unserer Erdkugel lebte. Ihre Vorfahren waren mit einer widerstandsfähigen Haut bedeckt, die es ihnen ermöglichte, den klimatischen Härten standzuhalten. Das Kriechtier legte seine hartschaligen Eier in einer Erdmulde ab.

Aus einer riesigen Insel entstehen die Kontinente
Aufgrund der fossilen Reste an der Südwestküste Afrikas und Südamerikas und einiger anderer Anzeichen veröffentlichte der deutsche Meteorologe Alfred Wegener im Jahre 1915 die erstaunliche Theorie von der Entstehung der Kontinente. Sie besagt, daß ursprünglich alles Festland aus einem einzigen Block bestand. Dann lösten sich einzelne Teile und wurden abgetrieben. Das grüne Schema zeigt den Kontinent vor 200 Millionen Jahren; die heutigen Erdteile sind gelb eingezeichnet. Rot bezeichnet sind die Gebiete, in denen Reste des Mesosaurus (70 Zentimeter Länge) gefunden wurden. Er ist das älteste

bekannte Wasserreptil und lebte am Anfang des Perm. Da der Mesosaurus im Süßwasser lebte, ist es ausgeschlossen, daß er über den Atlantik gewandert ist. Aus zahlreichen Gründen müssen die beiden heute nicht mehr zusammenhängenden Kontinente (Afrika und Südamerika) früher vereinigt gewesen sein.

Die Kammrückenechse (Dimetrodon)

Lebte er wirklich, der furchterregende, feuerspeiende Drache aus den Sagen des Mittelalters? Bis auf die Fledermausflügel sah der Dimetrodon, dessen Rückensegel durch Stacheln aufrecht gehalten wurde, genauso aus wie jenes Phantasiegeschöpf. Der Dimetrodon lebte im Perm, war drei Meter lang und wog mehr als drei Doppelzentner! Das gefährliche Gebiß des Fleischfressers setzte sich – ebenso wie das Gebiß der heutigen Alligatoren – aus Zähnen zusammen, die zwei verschiedene Größen hatten. Dimetrodon bedeutet: zwei verschiedene Größen von Zähnen. Es scheint, daß er mit der berühmten Rückenflosse Sonnenwärme aufnahm, die dann an den übrigen Körper weitergeleitet wurde.

Weißt du, daß die Zähne des Dimetrodon nach kurzer Zeit wieder nachwuchsen, wenn sie beim Zerbeißen von Knochen abbrachen?

Am Ende der Altzeit waren die landlebenden Kammrückenechsen mit ihrem furchtbaren Gebiß die vorherrschenden Raubsaurier. Verwandte Arten lebten von Pflanzen oder ernährten sich als Wasserbewohner von Fischen.

Das fleischfressende Ungeheuer war der Schrecken aller Tiere des Perm und griff sowohl kleinere als auch große Amphibien an. Wenn der Dimetrodon auf dem Festland nicht genügend Nahrung fand, so scheute sich der gute Schwimmer nicht, auch ins Wasser zu gehen. Hier wurde ein Diplocaulide sein Opfer, ein merkwürdig aussehendes Amphibium mit einem flachen, dreieckigen Kopf, der die Form von Pfeilspitzen hatte.

Im dichten Pflanzengestrüpp versteckt, lauerte der Dimetrodon seiner Beute auf: Hier hat er einen etwa 30 Zentimeter langen Molch erwischt.

Im Karbon und im Perm lebte auch der fast 4 Meter lange Edaphosaurus. Er sah dem Dimetrodon sehr ähnlich. Aber er war ein friedlicher Pflanzenfresser, der sich nur selten von Weichtieren ernährte.

Auch heute tragen noch einige Tiere mehr oder weniger große Rückenflossen. Oben ist eine Königseidechse abgebildet und unten ein Schwertfisch; dieser Fisch schwimmt mit Hilfe seiner riesigen Segelflosse.

Der Hundssaurier (Cynognathus)

Obwohl Cynognathus „Hundekiefer" bedeutet, handelte es sich hier nicht um ein Säugetier, sondern um ein Reptil. Das verrät auch der Name Hundssaurier. So legte der Cynognathus auch Eier. Aber er besaß gleichzeitig bestimmte Merkmale, die später typisch für Säugetiere waren, zum Beispiel ein Fell und gleichbleibende Körpertemperatur. Zu Beginn der Mittelzeit war es nicht selten, daß sich Tiere in einer Übergangsform befanden und sich auch immer wieder neue Tierformen entwickelten. Zu dieser Zeit begann die Epoche der Dinosaurier. Doch neben diesen massigen, riesigen Kreaturen setzte auch die Entwicklung der Säugetiere ein. Der Cynognathus war ein etwa schweinsgroßer Fleischfresser mit starkem Gebiß. Er war vor allem in Südafrika verbreitet. Er mußte beweglich und schnell sein, um seine Beute zu verfolgen und zu fangen.

Weißt du,
daß die Zähne des Cynognathus wie das Gebiß des Menschen angeordnet waren? Daß sie nicht nur zum Reißen, sondern auch zum Kauen des Fleisches dienten?

Wenn er sehr hungrig war, fiel der Hundssaurier manchmal sogar Tiere an, die größer waren als er selbst. Notfalls begnügte er sich aber auch mit einem wirbellosen Tier oder einem Insekt. Das klingt vielleicht komisch, weil wir heute nur sehr kleine Insekten kennen; die Insekten der Triasperiode aber waren viel größer.

Vor 200 Millionen Jahren war das eine alltägliche Szene: Zwei Cynognathi fallen über eine Gruppe von Euparkerien her (kleine Reptilien von etwa 90 cm Länge) und machen ihnen die Beute streitig. Die Euparkerien räumen schnell das Feld und laufen mit erhobenem Schwanz davon, um während des Laufens das Gleichgewicht zu halten.

Eine der merkwürdigsten Kreaturen der Mittelzeit (Mesozoikum), die ungefähr in derselben Periode wie der Cynognathus gelebt haben dürfte, ist der Tanystropheus. Er sah aus wie eine Schlange mit Beinen, konnte also laufen, und hatte einen riesig langen Hals. Er hielt sich immer in Wassernähe auf. Man fand Spuren von ihm in Europa in Meeresablagerungen der Triasperiode.

Der Rhamphorhynchus

Die Insekten beherrschten bereits seit Jahrmillionen die Lüfte, als die ersten Landtiere sich anschickten, den Himmel zu erobern. Um sich in der Luft halten zu können, wandelten die Reptilien ihre Vordergliedmaßen langsam in Flugorgane um, indem sie wie die Fledermäuse eine Flughaut entwickelten. Dazu kommt noch, daß die Flugechsen wahrscheinlich gleichwarm waren, sonst hätten sie kaum die langen, ständigen Strapazen während des Fluges überstanden. Eines dieser Reptilien war der Rhamphorhynchus, ein Flugsaurier, dessen fossile (versteinerte) Reste in Bayern gefunden wurden. Er hatte eine sehr breite Flughaut, die sich zwischen dem Körper und der außerordentlich verlängerten fünften Zehe spannte. Am Ende des langen, dicken Schwanzes saß ein platter Hautsack, der wahrscheinlich als Schwanzsegel diente. Man nimmt an, daß der Flugsaurier zunächst von einem hohen Baum oder Felsen aus startete und, wenn er unten angekommen war, mit Hilfe seiner Beine und Krallen mühsam wieder hinaufklettern mußte.

Weißt du,
daß die Flugsaurier Reptilien waren? Daß sie im Verhältnis zu den heutigen Vögeln ein viel größeres Gehirn und größere Augen hatten?

14

Die Langschwanzflugechse lebte in der Kreide- und Jurazeit. Ihre Vorfahren waren nur so groß wie Schwalben, doch wurden sie allmählich immer größer. Die Flügel erreichten eine Spannweite von fast einem Meter. Der Ramphorhynchus lebte in der Nähe des Meeres und fing Fische, aber auch Insekten. Er war wahrscheinlich ein Tagtier. Die Nacht verbrachte er wie eine Fledermaus mit dem Kopf nach unten hängend.

Ein anderes fliegendes Reptil dieser Zeit war der Dimorphodon (Zähne von zwei Größen), der fast eineinhalb Meter lang war. Auch er ernährte sich von Fischen und Insekten.

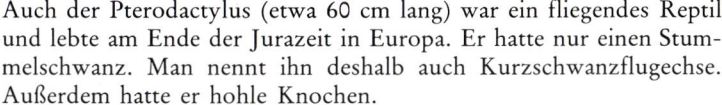

Auch der Pterodactylus (etwa 60 cm lang) war ein fliegendes Reptil und lebte am Ende der Jurazeit in Europa. Er hatte nur einen Stummelschwanz. Man nennt ihn deshalb auch Kurzschwanzflugechse. Außerdem hatte er hohle Knochen.

Der Riesenflugsaurier Pteranodon hatte eine Flügelspannweite von über acht Metern und bevölkerte in der Kreidezeit den Luftraum von Nordamerika. Er hatte keine Zähne, und wahrscheinlich trugen nur die Männchen einen Kamm. Ende der Kreidezeit starben alle fliegenden Reptilien aus.

Die Donnerechse (Brontosaurus)

Der Brontosaurus gilt zwar als eines der größten Landtiere, doch dürfte er sich wegen seines gewaltigen Körpergewichts vorwiegend im Wasser aufgehalten haben. Mit 20 Metern Länge und 4 Metern Höhe war dieser Dinosaurier wohl knapp 40 Tonnen schwer. Doch hatte der Brontosaurus offensichtlich außer seiner Größe keine nennenswerten Eigenschaften. Er war weder intelligent noch kämpferisch. Sein Gehirn war nur so groß wie ein Apfel, und der riesige Pflanzenfresser war wahrscheinlich ziemlich dumm. Am Ende der Mittelzeit verschwand der Brontosaurus zusammen mit den anderen Dinosauriern. Der Grund für dieses plötzliche Aussterben ist bis heute ein Geheimnis.

Weißt du,
daß das in einer Höhle aufgefundene Hüftbein eines Brontosaurus zweieinhalb Doppelzentner wog?

Das riesige Tier, das soviel wog wie acht Elefanten zusammen, war gewiß nicht sehr behende. Der Brontosaurus hielt sich am liebsten am und im Wasser auf, wo er sich von Wasserpflanzen, Weichtieren und kleinen Fischen ernährte.

Ein Fußabdruck eines Brontosaurus. Durch Flußablagerungen, die den Schlamm hart wie Stein werden ließen, blieb der Abdruck bis heute erhalten. Er faßt 80 Liter Wasser.

Der Ceratosaurus, ein gehörnter, mehr als 6 Meter langer und 4 Meter hoher Dinosaurier, hatte 60 sehr spitze und gefährliche Zähne. Da die Donnerechsen keine wirksamen Verteidigungsmittel besaßen, konnten sie sich gegen ihn nur wehren, indem sie mit ihrem langen Schwanz um sich peitschten. Das war natürlich eine schwache und unzureichende Verteidigung gegen den wilden Fleischfresser. Wenn es ihnen nicht gelang, sich rechtzeitig ins tiefere Wasser zu retten, war ihr Schicksal besiegelt.

Die Stachelschwanzechse (Stegosaurus)

Sah der Stegosaurus nicht zum Fürchten aus? Er war bis zu neun Meter lang, sechs Tonnen schwer, und sein Körper war mit riesigen Panzerplatten bedeckt. Auf dem Rücken hatte er außerdem eine doppelte Reihe von hornartig zugespitzten Knochenplatten. Am Ende seines Schwanzes aber saß seine gefährlichste Waffe: vier lange, spitze Stacheln. Trotz seines abschreckenden Äußeren war der Stegosaurus jedoch ein harmloser Pflanzenfresser, und seine Rüstung brauchte er nur, um sich die angriffslustigen Fleischfresser vom Leibe zu halten. Näherte sich ihm ein Feind, rollte er sich wie ein Igel zusammen, zeigte dem Angreifer seinen Rükken und teilte fürchterliche Hiebe mit seinem stacheligen Schwanz aus.

Er erschien im Jura und starb schon in der Unterkreide aus. Sein winziges Gehirn war den Anforderungen seiner Umwelt nicht gewachsen.

Weißt du,

daß Stegosaurus „gepanzerter Saurier" bedeutet? Daß er, wie alle Reptilien, Wärme zum Leben brauchte und deshalb an Sonnentagen mehr Aktivität entwickelte? Daß die Stegosaurier in verschiedenen Teilen der Welt, und auch in Europa, verbreitet waren?

Der Stegosaurus besaß – wie alle großen Dinosaurier – ein zweites, gehirnähnliches Nervenzentrum: eine Verdickung des Rückenmarks, noch größer als das eigentliche Gehirn. Mit diesem wurden die Hinterbeine und der Schwanz gesteuert.

Wenn man sich den Stegosaurus vorstellt mit seinen schweren Panzerplatten und den Gliedmaßen, die vorne kürzer waren als hinten, so könnte man vermuten, daß dieses Tier wenig beweglich war. In Wirklichkeit aber war es erstaunlich wendig, und gerade dieser asymmetrische Körperbau ermöglichte es ihm, sich leicht und geschickt Nahrung zu verschaffen: Manche Wissenschaftler vermuten, daß er sich auf die Hinterbeine stellte, um mit den Vorderbeinen die höher gelegenen Blätter und Zweige zu erreichen, so wie es heute auch die Antilopen machen.

Einer der Feinde des Stegosaurus war der Raubdinosaurier Allosaurus. Er war mehr als zehn Meter lang und trotz seines Gewichtes flinker und schneller als sein Opfer. Gegen diesen gefährlichen Fleischfresser nützten weder die Rückenplatten noch die verzweifelten Schwanzschläge des Pflanzenfressers.

Die Giganten

Unter den zahlreichen Reptilien der Vorzeit faszinieren uns am meisten die gigantischen pflanzenfressenden Dinosaurier (Sauropoden) der Jura- und Kreidezeit. Diese Kolosse waren bis zu 30 Meter lang und wogen bis zu 50 Tonnen. Von Natur aus waren sie sanft und friedlich, aber auch träge und schwer beweglich, und verbrachten den größten Teil ihres Lebens im seichten Wasser stehend, wo sie sich von Blättern und Algen ernährten. Wenn sie von den aggressiveren fleischfressenden Dinosauriern (Theropoden) angegriffen wurden, mußten sich die gutmütigen Riesen meist ergeben, falls es ihnen nicht gelang, sich in tiefere Gewässer zu flüchten.

Der Brachiosaurus (Armreptil) erreichte eine Höhe von 12 Metern und wog bis zu 50 Tonnen. Vom Kopf bis zum Schwanz maß er gut 22 bis 24 Meter. Seine Vorderbeine waren länger als die Hinterbeine.

Um dir eine Vorstellung davon zu vermitteln, wie riesig ein solcher pflanzenfressender Saurier (Sauropode genannt) gewesen ist, hier dieses Bild: Ein Brachiosaurier wog soviel wie zwei- bis dreitausend zehnjährige Kinder auf einem Haufen.

Stegosaurier und Brachiosaurier lebten zur gleichen Zeit (von der Trias-Periode bis zur Kreide) und in der gleichen Umgebung. Beide waren harmlose Pflanzenfresser. Solange sie nicht von den räuberischen fleischfressenden Sauriern angegriffen wurden, lebten sie in friedlicher Eintracht mit den anderen harmlosen Land- und Meerestieren.

Vor hundert Jahren fand ein Schäfer in einer Höhle in Wyoming, Nordamerika, die versteinerten Knochen eines Diplodocus. Es waren so viele, daß er sich davon eine kleine Hütte baute.

Der Diplodocus

Neben dem Brontosaurus und dem Brachiosaurus zählte der Diplodocus zu den größten Sauropoden. Sein Name bedeutet „Doppelter Balken". Damit sind seine zwei Brustbeinplatten gemeint. Dieser sympathische Riese hatte einen sechs Meter langen Hals und vier dicke Beine und elefantenähnliche Füße. Diese kräftigen „Säulen" waren auch notwendig, wenn man überlegt, welch kolossale Last sie tragen mußten. Das enorme Gewicht der Sauropoden ist auch der Grund für die Vermutung, daß sich diese Tiere wohl vorwiegend im Wasser aufgehalten haben. Wenn du schwimmen kannst, dann weißt du, daß man sich im Wasser viel leichter fühlt. Außerdem hatten alle Sauropoden die Nasenlöcher auf

der Oberseite des Kopfes – wie heute unsere Flußpferde. So konnten sie stundenlang im Wasser bleiben, ohne daß sie extra den Kopf hinausrecken mußten. Unser Held besaß nur ein paar stiftförmige Zähnchen, mit denen er seine Nahrung wie mit einem Rechen „durchkämmen" konnte.

Weißt du,
daß die Diplodocus-Saurier in der Herde immer einen Kreis um die Jungtiere bildeten, um sie zu schützen?

Der Diplodocus maß vom Kopf bis zum Schwanzende 30 Meter – das ist so lang wie drei Omnibusse hintereinander!

Gepanzerte Dinosaurier

Der Palaeoscincus, ein pflanzenfressender Dinosaurier zwischen drei und sieben Metern Länge, war bestens geschützt durch seine Panzerplatten und verschieden große, seitliche Stacheln. Er sah so ähnlich aus wie unser heutiges Gürteltier. Bei Gefahr konnte er sich wie ein Igel zusammenrollen und mit dem Schwanz um sich peitschen, um so den Angreifer zu vertreiben.

Ein anderer gepanzerter Dinosaurier der frühen Kreidezeit, auch ein Pflanzenfresser, war der Polacanthus. Er wurde bis zu viereinhalb Meter lang und besaß eine doppelte Reihe großer Dornen auf Rücken und Schwanz. Man fand versteinerte Reste von ihm auf der Insel Wight. Im Hintergrund siehst du zwei Iguanodonten, Zeitgenossen des Polacanthus, von denen man ebenfalls in Großbritannien Spuren gefunden hat.

Zur Familie der Stegosaurier gehörte der Scelidosaurus, ein etwa vier Meter langer, gepanzerter Dinosaurier. Er lebte Anfang des Jura, Überreste von ihm wurden in Dorset (England) gefunden.

Ein weiterer gepanzerter Dinosaurier lebte zur Kreidezeit in Nordamerika: der Ankylosaurus, der sich mit seinem keulenförmigen Schwanz gegen die Angriffe seiner Feinde wehrte. Er war über fünf Meter lang.

Die Schwielenechse (Tylosaurus)

Gierig schwamm der Tylosaurus im Meer umher und verschlang alle Wasserlebewesen und Fische, die seinen Weg kreuzten. Er war der angriffslustigste und wildeste Seeräuber seiner Zeit, und seine Gefräßigkeit machte sogar vor den Ammoniten (schalentragende Verwandte der Tintenfische) nicht halt, denn es fiel ihm nicht schwer, die spiralförmig aufgerollte Schale mit seinen Zähnen zu zerknacken. Eigentlich war der Tylosaurus eine Riesenechse, die

sich dem Leben im Wasser angepaßt hatte. Die Nasenlöcher befanden sich an der Spitze des Maules, die Gliedmaßen waren in Flossen umgewandelt, und der mächtige Schwanz war zum Steuern bestimmt. Außerdem war der Tylosaurus mit einem hohen Rückenkamm ausgestattet. Er gehörte zur Familie der Mosasaurier, die in der späten Kreidezeit die Meere bevölkerten.

Weißt du,
daß die Tylosaurier, die zu den Reptilien gehören, ihren Kopf aus dem Wasser halten mußten, um Luft zu atmen?

Der Tylosaurus konnte bis zu 15 Meter lang werden und war der größte Vertreter der Mosasaurier-Familie. Diese stand den heutigen Waranen sehr nahe. Die größte lebende Echse, der Komodowaran, ist dreieinhalb Meter lang.

Die Tylosaurier griffen sogar Tiere
ihrer eigenen Art an. Hier streiten
sich zwei heftig um einen großen
Fisch.
Die Weibchen brachten ihre lebenden Jungen wahrscheinlich im Süßwasser zur Welt, wenn sie die Fluß-
läufe hinaufschwammen.

Das Dreihorn (Triceratops)

Der Triceratops (Dreihornsaurier) war zwar nicht sehr flink, doch seine bedrohliche Rüstung, drei mächtige Hörner mit scharfen Spitzen, von denen eines über der Nase und zwei über den Augen herausragten, und der merkwürdig breite Nackenschild schützten ihn vor den ständigen Angriffen der fleischfressenden Dinosaurier. Er lebte in Asien und Amerika, war acht Meter lang, wog 7 bis 8 Tonnen und hatte mächtige Füße, mit denen er kraftvoll vorwärts stapfte. Obwohl der Triceratops an das Nashorn erinnert, war er nicht sein Vorfahre: Er war ein Kriechtier aus der Verwandtschaft der Dinosaurier. Mit seinem ausgezeichneten Gebiß konnte er leicht die harten und faserigen Pflanzenteile seiner Nahrung zerkleinern. In seinen Kiefern saßen viele Reihen von Zähnen, die so hintereinandergestuft waren, daß die hinteren sofort die abgenutzten vorderen ersetzen konnten.

Weißt du,
daß der Dreihornsaurier der größte unter den gehörnten Sauriern war? Daß der erste Fund im Jahre 1887 gemacht wurde und damals viel Aufsehen erregte, da man noch keine vorzeitlichen Reptilien mit Hörnern kannte?

Das friedliche Leben des Triceratops wurde oft durch das Auftreten des wilden Tyrannosaurus gestört, der einer seiner erbittertsten Feinde war. Wenn der riesige Pflanzenfresser beim Angriff nicht überrumpelt wurde, verteidigte er sich trotz seiner Schwerfälligkeit sehr mutig. Manchmal gelang es ihm sogar, seine Angreifer mit den Hörnern zu durchbohren.

Ein Dreihornsaurier wog etwa 7 Tonnen, soviel wie dieser leichte Renault-Panzer aus dem Ersten Weltkrieg.

Die ersten Dinosauriereier wurden in der Wüste Gobi (Mongolei) gefunden. Sie gehörten einem Vordreihorn (Protoceratops). Bei der Geburt hatten die Jungen bereits alle Merkmale der Eltern, einschließlich des Knochenhelmes.

Vielleicht ist der Psittacosaurus der Vorfahre aller gehörnten Dinosaurier. Wegen seines schnabelförmigen Mauls wird er auch „Papageienechse" genannt. Seine fossilen Reste wurden in der Mongolei gefunden.

Psittacosaurus

Protoceratops

Monoclonius

Chasmosaurus

Triceratops

Styracosaurus

Der riesige Styracosaurus war fast 8 Meter lang und hatte einen mit Hörnern versehenen Stachelkranz, mit dem er sich gegen die Raubdinosaurier seiner Zeit verteidigen konnte. Außer diesen Waffen hatte er ein 60 Zentimeter langes Horn auf der Nasenspitze sitzen. Der Styracosaurus lebte während der Kreidezeit in Nordamerika und Asien.

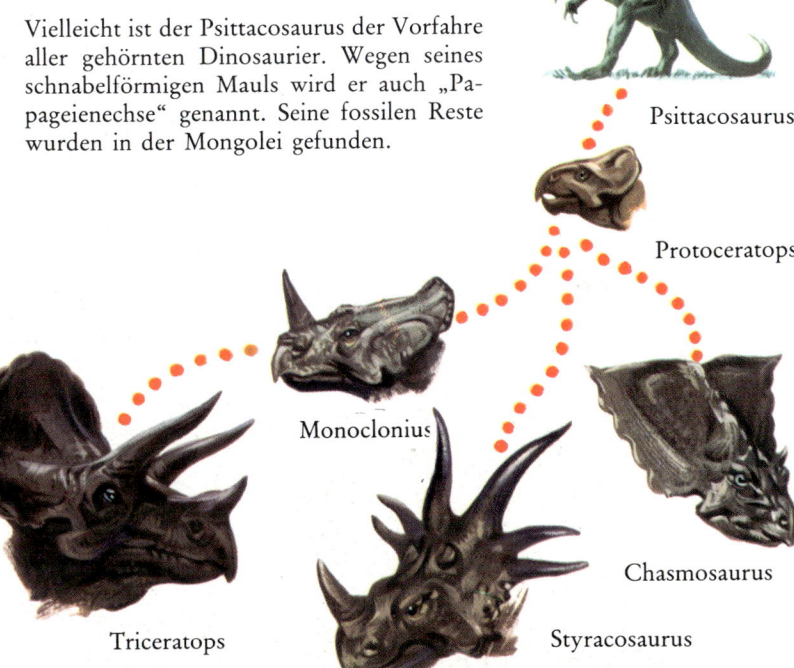

Der Schnabeldrache (Anatosaurus)

Als die riesigen Dinosaurier (wie zum Beispiel der Diplodocus und der Brontosaurus) in der Unterkreide ausstarben, erschienen andere, nicht weniger seltsame Tiere. Man nennt sie Entenschnabel-Dinosaurier, weil die Form ihres Maules an einen Entenschnabel erinnert. Die harmlosen Pflanzenfresser lebten im Wasser und auf dem Land.

Der hier abgebildete Anatosaurus war mit zwölf Metern Länge der größte Vertreter seiner Familie. Er war ein ausgezeichneter Schwimmer und gebrauchte den großen, schaufelförmigen Schnabel, um Wasserpflanzen – seine Nahrung – auszureißen und zu zerkleinern. Außerdem ernährte er sich aber auch von Weichtieren und anderen kleinen Tieren. Seine Füße, die Ähnlichkeit mit einer Hand hatten, waren mit Krallen besetzt, damit er sich auf dem glitschigen Grund der Sümpfe sicher fortbewegen konnte. Das Gehirn war jedoch nur so groß wie eine Apfelsine!

Weißt du,
daß der Anatosaurus gut 2000 Zähne hatte? Daß Zähne, die durch den Gebrauch abgenutzt waren, ersetzt wurden? Daß im Magen eines Anatosaurus Samen, Obst und Zweige von Landpflanzen gefunden wurden?

Der Anatosaurus war der größte Entenschnabel-Dinosaurier. Er stand nicht immer aufrecht auf seinen Hinterbeinen, sondern könnte auch auf vier Füßen laufen. Die Corythosaurier im Hintergrund waren etwas kleiner als die Anatosaurier, mit denen sie eng verwandt waren. Beide lebten in sumpfigen Gebieten und ernährten sich von Wasserpflanzen.

Zum Schutz gegen die Fleischfresser konnte sich der Anatosaurus nur ins Wasser stürzen. Doch manchmal hatte er keine Zeit mehr dazu und unterlag einem Gorgosaurus, dem gefürchtetsten Räuber der späten Kreidezeit.

Kritosaurus

Pachycephalosaurus

Lambeosaurus

Corythosaurus

Auch die anderen Mitglieder der Familie der Entenschnabel-Dinosaurier lebten in der Kreidezeit und hatten seltsam geformte „Köpfe": der eigenartige Schnabel des Kritosaurus, die robuste Schädelkappe des Pachycephalosaurus und die außergewöhnliche Kopfbedeckung des Lambeosaurus und des Corythosaurus.

Im Jahre 1882 entdeckte die Frau eines Wissenschaftlers in England zum ersten Mal die Reste eines Entenschnabel-Dinosauriers: Es war der Iguanodon, der etwa neun Meter lang wurde und auch in der Kreidezeit lebte. Alle Entenschnabel-Dinosaurier faßt man unter der Bezeichnung „Ornithopoden" zusammen.

Die Straußenechse (Struthiomimus)

Struthiomimus heißt „Straußnachahmer", denn hätte dieser zweifüßige Saurier ein Federkleid und einen buschigen Federschwanz, würde er genau wie der Vogel Strauß aussehen. Das seltsame Tier wurde bis zu 4 Meter lang, hatte einen schlanken Körper und war sehr hochbeinig. Auf dem außergewöhnlich langen Hals saß ein kleiner Kopf mit einem spitzen, zahnlosen Schnabel. Wahrscheinlich stammen die Vögel von der Dinosauriergruppe ab, zu der auch der Struthiomimus gehörte. Dieser selbst und seine nächsten Verwandten lebten jedoch erst in der Oberkreide, zu einer Zeit also, wo die Vögel mit ihrem Federkleid schon längst existierten (Archaeopteryx).

Weißt du, daß der Struthiomimus wahrscheinlich einen solch langen Hals hatte, um das Herannahen von Feinden schon von weitem erkennen zu können?

Der Struthiomimus ernährte sich vorwiegend von Insekten, doch er fraß auch Obst, Triebe und Eier. Mit „nur" 1,80 Meter Höhe zählte er zu den kleinen Dinosauriern – aber dafür war er um so beweglicher und sehr flink.

Wenn der Struthiomimus von seinen Feinden angegriffen wurde (hier von einem 15 Meter langen Krokodil), floh er so schnell er konnte. Oft büßte er dabei den Schwanz ein; das war jedoch nicht schlimm, denn er wuchs bald wieder nach.

In der oberen Kreidezeit war die Pflanzenwelt sehr entwickelt: Wälder mit Eichen, wilden Nußbäumen und Weiden bedeckten das neu entstandene Land. Der Struthiomimus war ständig in diesem Dschungel unterwegs, um seine Beute zu fangen. Da er nicht sehr groß war, fiel es ihm verhältnismäßig leicht, sich einen Weg durch die dichte Vegetation zu bahnen. Aber auch er mußte sich – wie alle Dinosaurier seiner Zeit – vor dem schrecklichen Tyrannosaurus in acht nehmen. Diesem wilden Räuber konnte der Struthiomimus nur dank seiner Behendigkeit entkommen: Er stürzte sich kopfüber in den Buschwald und versteckte sich im Gebüsch.

Der Schlangenhalssaurier (Elasmosaurus)

Langsam und mit gleichmäßigen Ruderbewegungen schwamm der Elasmosaurus im Meer umher. Der außergewöhnlich lange Hals wurde aus maximal 76 Halswirbeln gebildet – das ist die größte Anzahl von Halswirbeln, die jemals bei einem Wirbeltier gefunden wurde! Der Elasmosaurus lebte in der Kreidezeit und wurde fast 12 Meter lang; davon entfiel fast die Hälfte auf den Hals. Seine Kiefer waren mit langen, spitzen Zähnen gespickt.

Weißt du, daß die Elasmosaurier kleine Steine schluckten, um die Nahrung im Magen besser zerkleinern zu können? Daß sie wahrscheinlich an Land gehen mußten, um ihre Eier abzulegen?

Mit Hilfe seines langen Halses, der 7 Meter über die Wasseroberfläche hinausragte, konnte der Elasmosaurus sogar Pteranodonten (das sind gewaltige Luftdrachen) fangen, die gerade auf Fischjagd waren.

Das beweisen Fossilien, deren Mageninhalte erhalten blieben: Sie enthielten Reste von diesen Flugsauriern.

Ein Verwandter des Elasmosaurus war der Plesiosaurus, der sich von diesem durch den kürzeren Hals und den dickeren Kopf unterschied. Der wilde Räuber griff alle Wasserlebewesen an: Fische, Kopffüßer und Ammoniten. Er lebte in der Kreidezeit in Europa.

In den Meeren der Kreidezeit

Die Blütezeit der 5 bis 12 Meter langen Plesiosaurier war die späte Kreidezeit. Hier siehst du einen dieser gefährlichen Seeräuber, wie er gerade seine Beute packen will – allerdings eine sehr unangenehme Beute, denn der Belemnit, ein tintenfischartiges Weichtier, verteidigt sich mit einem gewaltigen Tintenschwall.

Der größte fleischfressende Wassersaurier, der jemals in den Meeren gelebt hat, ist der Kronosaurus, ein Ungeheuer von 13 Metern Länge. Er gehörte zur Gruppe der Plesiosaurier und war deshalb auch mit dem Elasmosaurus verwandt. Der Kronosaurus wurde als Fossil nur in Australien gefunden. Auf dem kurzen Hals saß der etwa drei Meter lange Kopf, sein Maul war übermäßig groß und mit scharfen Zähnen versehen. Seine Nahrung bestand vorwiegend aus Fischen.

Während der späteren Kreidezeit führten die Wassersaurier wilde Kämpfe aus. Hier begegnen sich die bis zu 12 Meter langen Fischechsen und die Schlangenechsen. Die Meeressaurier ernährten sich zwar vorwiegend von Fischen, was sie jedoch nicht hinderte, sich auch untereinander anzugreifen.

Gegen Ende des Mesozoikums kehrten viele Reptilien zum Wasserleben zurück. Im Meer gab es reichlich Nahrung. Am sichtbarsten ist die Anpassung an das Leben im Wasser bei den Ichthyosauriern (Fischechsen): So verwandelten sich z. B. die Füße der ehemaligen Reptilien in Flossen, und sogar eine zusätzliche Rückenflosse entstand. Das obere Bild zeigt dir die große Ähnlichkeit der Ichthyosaurier (dritter von oben) mit einigen unserer heutigen Meerestiere – Delphin, Pinguin, Haifisch.

Die Tyrannenechse (Tyrannosaurus)

Der Tyrannosaurus trug seinen Namen nicht zu Unrecht, denn er war sicher einer der gefräßigsten Fleischfresser unter den Dinosauriern. Auch die wildesten Tiere unserer Zeit, zum Beispiel Tiger und Löwen, wirken gegen ihn nur wie zahme kleine Haustiere. Der 16 Meter lange, 6 Meter hohe und über 8 Tonnen schwere Tyrannosaurus, der auch „Schreckechse" genannt wird, lebte in der Kreidezeit und war das riesigste Landraubtier, das es jemals auf der Erde gegeben hat. Er war wirklich ein Tyrann; wo er auftauchte, flohen alle Tiere; höchstens dem Triceratops gelang es manchmal, den Tyrannosaurus mit seinen Hörnern zu verletzen und in die Flucht zu schlagen. Außer seinem mit dolchartig spitzen Zähnen gespickten Kiefer hatte der Tyrannosaurus keine nennenswerten Angriffsmittel. Seine Vorderbeine waren lächerlich kurz und die mächtigen Hinterbeine mit den gespreizten Füßen gebrauchte er bei seinen Schlachten nur wenig.

Weißt du,
daß die Zähne des Tyrannosaurus etwa 13 cm lang waren? Daß er zur Verdauung große glatte Steine schluckte? Daß der Tyrannosaurus zum Ausruhen auf dem Bauch lag?

Dem riesigen Tyrannosaurus fiel es nicht schwer, auch die am Boden kriechenden Beutetiere zu entdecken. Hier fällt er einen Scolosaurus an, ein Reptil von 6 Metern Länge, das er trotz seines dicken Panzers zerreißt.

Bei seiner Nahrungssuche trifft der Tyrannosaurus auf eine Gruppe von Hesperornis. Diese Vögel können nicht fliegen, deshalb versuchen sie, sich ins Wasser zu retten – doch nicht alle schaffen es.

Der Tyrannosaurus griff jedes Tier an, das ihm in den Weg kam. Der riesige, aber friedliche Diplodocus wurde hier außerhalb des Wassers überrascht. Er bewegt verzweifelt seinen schlangenartigen Hals hin und her und versucht, den Gegner mit dem langen Schwanz zu schlagen. Aber obwohl er sich so tapfer verteidigt, wird er sich wohl gegen den Tyrannosaurus nicht retten können.

Manchmal kämpften die Tyrannosauren auch untereinander, zum Beispiel, wenn einer dem anderen eine Beute streitig machen wollte. Dabei setzten sie ihre ganze gewaltige Kraft ein und rangen oft bis zum Tod. Auf dem Bild siehst du zwei Gegner im erbitterten Kampf. Dem Sieger gebührt dann der Rest der Beute, eines Anatosaurus.

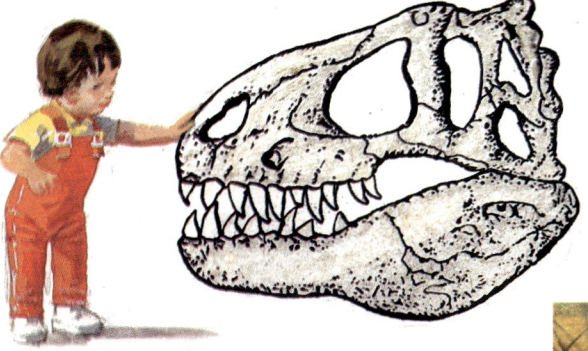

Getrieben von seiner unersättlichen Gier, zögerte der Tyrannosaurus nicht, sich auch ins Wasser zu begeben – natürlich nur so weit, wie er stehen konnte. Dort lauerte er dann irgendeinem arglosen Dinosaurier auf, der in der Nähe des Ufers Nahrung suchte. Mit seinen messerscharfen, säbelartigen Zähnen konnte er sogar einen Elasmosaurus in Stücke teilen. Wenn der Riese sein Maul aufriß, war es so groß wie ein Scheunentor.

Der Schädel des Tyrannosaurus erreichte eine Länge von 1,20 Metern. Im Vergleich dazu ein Kind von 4 bis 5 Jahren.

Der Phobosuchus (Schreckenskrokodil), der während der Kreidezeit lebte, kann wohl als Urahn unseres heutigen Krokodils angesehen werden. Er war 15 Meter lang, wovon allein 2 Meter auf seinen gewaltigen Kopf entfielen. Er ernährte sich wahrscheinlich von jungen Dinosauriern, die er bei ihrer Nahrungssuche überraschte.

Die Vögel

Die ersten Wirbeltiere, die fliegen oder gleiten konnten, waren Reptilien, die mit Flügeln ausgestattet waren. Der größte Vertreter dieser Flugechsen war der Pteranodon (das bedeutet soviel wie „geflügelt und zahnlos"). Seine Flügelspannweite betrug 8 Meter. Man weiß heute zwar, daß unsere Vögel von Reptilien abstammen. Dieser fliegende Drache gehört aber nicht zu ihren Vorfahren. Er starb vollständig aus.

Der erste echte Vogel, der Archaeopteryx, hatte ungefähr die Größe einer Krähe, besaß einen sehr beweglichen Hals, einen kleinen Kopf und einen langen Schwanz. Er gilt als der Urahn der abertausend Vögel, die unseren Himmel bevölkern. Das heißt, richtig fliegen können ja längst nicht alle Vögel. Die Hühner zum Beispiel sind gerade fähig, ein wenig herumzuflattern. Der Vogel Strauß erhebt sich überhaupt nicht in die Lüfte, dafür ist er ein flinker Läufer. Und die Pinguine schwimmen wie Fische.

Das wichtigste gemeinsame Werkzeug der Vögel ist der Schnabel: Damit können sie picken, fischen, hacken, zerren, hämmern, klopfen, Nest bauen und schnäbeln.

Auf dem Bild siehst du, wie die Reptilien in der Übergangsform zum Vogel ausgesehen haben mögen. Man stellt sich vor, daß sie Schuppen besaßen, die an den Beinen und am Schwanz federförmig waren. Ihre ersten Flugversuche starteten sie wohl, indem sie sich im Gleitflug von Baum zu Baum nach unten segeln ließen. Das sind aber nur Vermutungen, denn Überreste von diesen Tieren hat man nicht gefunden.

Im Jahre 1877 machte man in Solnhofen (Bayern) eine sensationelle Entdeckung: die gut erhaltene Versteinerung eines Skeletts aus der Spätjurazeit. Es war der Archaeopteryx. Er besaß typische Reptilienmerkmale wie Zähne in den Kiefern und Finger mit Krallen an den Flügeln.

Hier siehst du, wie ein Archaeopteryx sich gerade über eine Libelle hermacht. Er ernährte sich hauptsächlich von Insekten, Raupen und Blättern. Da der Urvogel aufgrund seiner schwachen Flugmuskulatur nicht richtig fliegen konnte, wurde er häufig das Opfer von Raubdinosauriern, die ihn am Boden überraschten.

Der Urvogel (Archaeopteryx)

Als im 19. Jahrhundert der erste versteinerte Urvogel in Solnhofen gefunden wurde, hielten ihn mißtrauische Wissenschaftler wegen seiner Unvollständigkeit für eine raffinierte Fälschung. Erst als 16 Jahre später bei Eichstätt dasselbe, diesmal aber vollständig erhaltene Skelett des sonderbaren Geschöpfes gefunden wurde, war der Beweis erbracht, daß der Archaeopteryx tatsächlich lebte und somit die Vögel von den Reptilien abstammen. Sein Entstehen kann bis zum Anfang der Jurazeit zurückdatiert werden (mehr als 150 Millionen Jahre). Obwohl der Archaeopteryx einige Merkmale der Reptilien beibehalten hatte (zum Beispiel trug er an jedem Flügel drei Zehen, die mit Krallen versehen waren), besaß er bereits ein Knochenskelett und Federn wie ein Vogel.

Weißt du,
daß der Archaeopteryx Zähne hatte? Daß sein langer Schwanz aus 20 Wirbeln gebildet wurde – doppelt soviel wie bei den heutigen Vögeln?

Von der Kreidezeit bis zum Miozän

Aus gefundenen Versteinerungen wissen wir, daß es seit Anfang der Kreidezeit bis ca. 50 Millionen Jahre danach eine Art höherentwickelter Vögel gab, die aber immer noch Zähne besaßen. Einer von ihnen war der Hesperornis, ein wasserbewohnender Schwimmvogel, ähnlich unserem Seetaucher. Seine Flügel waren verkümmert, so daß er nicht fliegen konnte. Er war ungefähr eineinhalb Meter hoch.

Ein anderer Vogel der Kreidezeit, wahrscheinlich ebenfalls noch mit Zähnen ausgestattet, war der Ichthyornis. Er war wesentlich kleiner als der Hesperornis, nämlich ungefähr so groß wie ein Sperling, konnte aber fliegen.

Zu Beginn der Neuzeit (Tertiär-Periode) tauchten dann sehr große, kranichartige Vögel auf, die nicht fliegen konnten, aber sehr gute Läufer waren. Nunmehr ohne Zähne, fingen sie ihre Beute – Reptilien, Amphibien, kleinere Säugetiere – mit ihren kräftigen Schnäbeln. Auf dem Bild siehst du ein Diatryma, einen räuberischen, zwei Meter großen Laufvogel, der im Eozän in Nordamerika gelebt hat. Der andere, eineinhalb Meter große Vogel ist ein Phororhacos, dessen Überreste aus dem Pliozän in Südamerika gefunden wurden.

Der Neocathartes war ein Laufvogel, der unserem heutigen Geier sehr ähnlich war – sowohl in Aussehen und Größe als auch in seinen Lebensgewohnheiten: Er ernährte sich von Nagetieren und Reptilien, verschmähte aber auch Aas nicht. Mit seinen langen Beinen stolzierte er manchmal durch das seichte Wasser, um Fische und Amphibien zu jagen. Er lebte im Eozän, und seine versteinerten Reste fand man in Wyoming in Nordamerika.
Auf dem rechten Bild siehst du die Vorfahren der heutigen Flamingos. Sie lebten im Miozän.

Die Dronte war eine Taube, die weit größer als ein Truthahn wurde. Sie war einst im Flug auf die Insel Mauritius im Indischen Ozean gelangt, wo sie seither lebte. Da sie dort keine natürlichen Feinde hatte und vor niemandem fliehen mußte, entwickelten sich im Laufe der Zeit ihre Beine zurück, ihre Flügel verkümmerten, und sie verlernte das Fliegen. Als dann im Jahre 1507 die ersten portugiesischen Schiffe dort landeten, war die träge gewordene Taube ein leicht zu erbeutender Leckerbissen für die Menschen und landete in ihren Kochtöpfen. Die auf die Insel eingeführten Ratten, Katzen und Hunde stöberten die Nester der Riesentaube auf und störten die Tiere beim Ausbrüten ihrer Eier. In etwas mehr als einem Jahrhundert war von dem Vogel nicht mehr die geringste Spur zu sehen: Er war ausgerottet.

Das Ende der Dinosaurier

Rund 150 Millionen Jahre haben die Dinosaurier unsere Erde bevölkert. Dann starben sie vollständig aus. Das war gegen Ende der Kreidezeit, also vor ungefähr 65 Millionen Jahren. Der Grund für dieses plötzliche Verschwinden liegt immer noch im dunkeln. Um so mehr Vermutungen haben die Menschen aller Zeiten darüber angestellt. Viele davon gehören in die Welt der Phantasie. Aber andere klingen sehr wahrscheinlich, und auf der ganzen Welt arbeiten Forscher daran, Beweise für die eine oder andere Erklärung zu finden.

Man stellt sich zum Beispiel vor, daß die riesigen pflanzenfressenden Dinosaurier mit der Zeit alles kahl gefressen haben und ausstarben, weil sie nicht mehr genügend Nahrung fanden. Und als es sie nicht mehr gab, mußten auch die Raubdinosaurier verhungern, denn sie hatten sich ja von den pflanzenfressenden Sauriern ernährt. Andere vermuten, daß umgekehrt die Raubdinosaurier in ihrer Gier die Pflanzenfresser ausgerottet haben und damit ihren eigenen Untergang herbeiführten. Wieder an-

Ein kräftiger Temperatursturz und eine Umgebung, die nicht mehr genügend Nahrung für unsere Riesen bot, sind eine mögliche Erklärung für den Untergang der Dinosaurier.

Eine der vielen Theorien erklärt das rätselhafte Verschwinden der Dinosaurier damit, daß das Aussterben möglicherweise durch den Einschlag eines großen Meteoriten bewirkt wurde, wonach das Gleichgewicht in der Natur vollkommen zerstört worden ist.

dere meinen, die ersten Säugetiere auf der Erde hätten den Sauriern die Eier weggefressen, und deswegen hätten sie aussterben müssen.

All diese Überlegungen mögen nicht ganz falsch sein. Aber es sind ja alle Dinosaurier überall auf der Erde gleichzeitig ausgestorben. Deshalb muß man annehmen, daß zu dieser Zeit irgendeine große Katastrophe plötzlich die Erde heimgesucht und verheerende Verwüstungen angerichtet hat. So weiß man, daß sich damals die verschiedenen Erdteile völlig verschoben haben. Das hat sicher zu einer Unzahl von Vulkanausbrüchen geführt, die alles um sich zerstörten. Auch muß sich damals das Klima auf der ganzen Erde verändert haben, so daß es in tropisch warmen Gebieten plötzlich bitterkalt wurde. An diese Temperaturstürze aber vermochten sich die Riesenreptilien nicht so schnell anzupassen. Die kühnste, aber gar nicht so verrückte Theorie erklärt diese einschneidenden Veränderungen damit, daß ein riesiger Meteorit am Ende der Kreidezeit in die Erde eingeschlagen hat.

Dieses 20 Meter lange und 10 Meter hohe Skelett stammt von einem Brachiosaurus. Es steht im Humboldt-Museum in Berlin, wo es auch zusammengesetzt wurde.

Der letzte Nachkomme der riesigen Dinosaurier ist der harmlose Komodowaran, den man auch Riesenwaran nennt. Dieses Reptil wird über drei Meter lang. Es lebt auf der Insel Komodo in Indonesien, der es seinen Namen verdankt.

Künstlerische Leitung: Rinaldo D. D'Ami
Textredaktion: Mario Faustinelli, Egidio F. Bregani
Bildredaktion: Carlo Acciarino
Illustratoren: Andrew W. Allen, Angelo Bioletto, Sergio Borella, Sergio Budicin, Olimpia Buonanno, Zdenek Burian, Tino Chito, James H. Cracknell, Edward S. Dacker, Giorgio Degaspari, Bruno Faganello, Ezio Giglioli, Antenore Schiavon, Maria F. Vaglieri, Gino Vigotti, Guido Zucca
Recherchen: Lorenzo Orlandi
Herausgeber: Produzioni Editoriali D'Ami

Neu zusammengestellt unter Verwendung des Bandes „Tiere der Ur- und Vorzeit"
Titel der Originalausgabe: „Guarda e Scopri i Rettili della Preistoria"
© 1986, Casa Editrice AMZ und Produzioni Editoriali D'Ami, Mailand

Aus dem Italienischen übersetzt von Madeleine Ehm und Ingeborg Unterreiner

Umschlaggestaltung von Creativ GmbH, Ulrich Kolb, Stuttgart,
unter Verwendung von Illustrationen der Produzioni Editoriali D'Ami
CIP-Kurztitelaufnahme der Deutschen Bibliothek

Saurier – Tiere der Urzeit / (künstler. Leitung: Rinaldo D. D'Ami. Ill.: Andrew W. Allen . . . Aus d. Ital. übers. von Madeleine Ehm u. Ingeborg Unterreiner). – 2. Aufl. – Stuttgart : Franckh, 1987.
(Bunter Kinder-Kosmos)
Einheitssacht.: Guarda e scopri i rettili della preistoria <dt.>
ISBN 3-440-05652-X
NE: D'Ami, Rinaldo D. [Hrsg.]; EST
2. Auflage
Franckh'sche Verlagshandlung, W. Keller & Co., Stuttgart/1987

Für die deutsche Ausgabe:
© 1986, Franckh'sche Verlagshandlung, W. Keller & Co., Stuttgart
Printed in Italy/Imprimé en Italie/L 9hm H ry/ISBN 3-440-05652-X
Gesamtherstellung: OFSA – Casarile (Mailand), Juni 1989